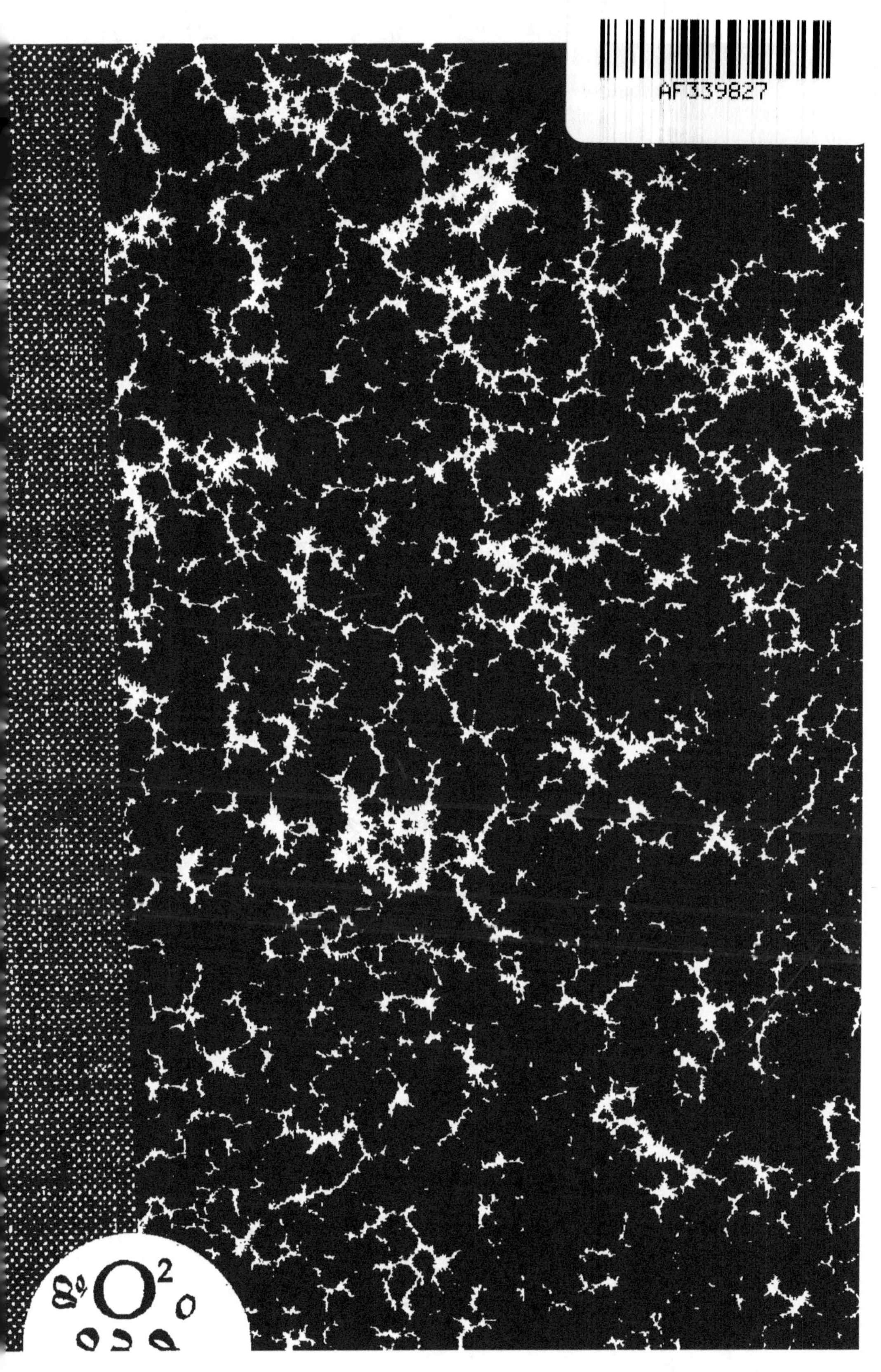

AF339827

EXCURSION AU FUSIYAMA

(JAPON)

Avec reproductions photographiques

PAR

CH. PETIT FILS

PARIS

LIBRAIRIE DES BIBLIOPHILES

Rue Saint-Honoré, 338

—

M DCCC LXXX

EXCURSION
AU FUSIYAMA
(JAPON)

EXCURSION

AU FUSIYAMA

(JAPON)

Le 16 août 1877, après plusieurs mois de voyage, pendant lesquels j'avais parcouru Ceylan, la Chine, et fait une pointe jusqu'aux déserts d'herbes de Mongolie, je débarquais à Yokohama, me proposant de visiter l'intérieur du Japon, et attiré plus particulièrement par le désir de faire l'ascension du Fusiyama, le Géant de l'Empire du soleil levant.

Après avoir perdu plus de deux heures à la douane, l'une des plus brillantes innovations dont la civilisation européenne ait doté le Japon; après avoir ouvert tous mes colis et fini par payer des droits d'entrée assez élevés, je pris le chemin de fer pour me rendre à Tokio (Yeddo), la capitale de l'Empire, où j'étais attendu à la mission mili-

taire française, dont je connaissais plusieurs offi-
ciers. En moins de temps que je n'en avais perdu
à la douane, j'arrivai à la porte de *Kamon Yasiki,*
le palais occupé par la mission militaire. Ce palais,
situé dans *Sakourada,* l'un des quartiers les plus
élevés de la ville, domine d'un côté les fossés qui
entourent le parc du Siro, au milieu duquel s'élevait le château impérial détruit il y a quelques années par un incendie qui avait éclaté, je crois,
à la suite d'un tremblement de terre. A cette
époque de l'année, les eaux des fossés disparais-
saient sous une forêt de feuilles de lotus, dont les
belles fleurs roses répandaient au loin leur délicat
parfum; d'un autre côté la vue s'étend jusqu'à la
baie de Yeddo, passant par-dessus la ville basse
et ses enceintes concentriques.

Le lendemain de mon arrivée, M. Jourdan,
commandant du génie, alors directeur des études
à l'École militaire japonaise, le capitaine Perrus-
sel, instructeur de cavalerie, et M. de Montherot,
attaché à notre légation, m'annoncèrent qu'ils devaient partir pour faire une excursion dans l'intérieur, et que le but de leur tournée était le sommet
du Fusiyama, dont la hauteur était encore mal
déterminée par les géographes. Ces messieurs

vinrent au-devant de mes désirs et me proposèrent de me joindre à eux pour ce petit voyage. La date du départ fut fixée au 22 août. J'employai les journées qui me restaient à visiter la ville, ses temples, l'exposition de Ouéno, où étaient rassemblés tous les objets qui depuis figurèrent à notre Exposition de 1878, et, chose plus importante, à obtenir mon fouda, ou passeport, qui m'était indispensable pour pouvoir voyager en dehors de la limite des traités, limite dont le rayon ne s'étend qu'à une très faible distance de Tokio. Je ne parlerai pas de cette capitale, déjà décrite d'une façon plus ou moins exacte, plus ou moins pittoresque, par différents voyageurs. Mon intention étant simplement de faire connaître l'itinéraire que nous avons suivi pour atteindre le Fusiyama et la route que nous avons parcourue pour revenir à Tokio, j'arriverai de suite au 22 août, jour de notre départ.

22 août. — Nos préparatifs terminés, dès le matin, mes trois compagnons et moi, accompagnés de deux koskaïs (domestiques japonais), qui devaient nous faire la cuisine et nous servir d'interprètes, emportant avec nous des conserves de toutes sortes et même du vin, armés de plusieurs baromètres anéroïdes et holostériques, d'un baromètre Fortin et d'un hypsomètre, nous quittions le Yasiki en jinriksha[1]. Ainsi voiturés, nous atteignons rapidement, au grand trot de nos tireurs, le petit village de Sinjikou, où nous trouvons une route qui nous permet de prendre des véhicules attelés de chevaux. Nous montons dans deux sortes de tapissières dont la plupart des ressorts brisés et l'un des essieux consolidé au moyen d'une tige de bambou et de cordes nouées autour ne nous offrent qu'une sécurité relative. Au reste, nous marchons moins vite avec nos chevaux qu'avec nos nizogos[2]; souvent même nous devons monter les côtes à pied. Heureusement que nous n'en avons pas pour longtemps, car, après avoir passé par Go-shi-kow, puis par Fouchiou, nous atteignons les rives du Tamangawa, que nous devons traverser en bac.

1. La jinriksha est un petit cabriolet à deux roues, avec capote et tablier, traîné par un homme qui se met dans les brancards, ou par deux hommes; le deuxième tire alors en avant du premier au moyen d'une corde fixée à une traverse qui relie l'extrémité des brancards.

2. C'est le nom que l'on donne au Japon aux hommes de peine, et qui correspond au mot *coolie*, employé aux Indes et en Chine.

La contrée que nous venons de parcourir, et celle que nous aurons à traverser pour arriver jusqu'au Fusiyama, est des plus fertiles, et c'est l'une de celles où l'on s'occupe le plus de sériciculture. La route est très variée, bordée tantôt de rizières, tantôt de plantations de thé, tantôt serpentant au milieu de champs de mûriers ou de bois de bambous. Les villages que nous traversons ont un air de bien-être que nous rencontrons rarement dans nos pays. Chaque maison est un atelier propre et soigné où les femmes dévident, filent et tissent la soie; ce sont, pour ainsi dire, de petites manufactures en chambre. Çà et là, vous remarquez une maison ouverte sur la rue; une vingtaine de bassines, ou plus, y sont disposées les unes à côté des autres; attenant à la construction est un jardin ou une cour garnie de pieux de bambou et de cordelettes: c'est une teinturerie où chacun apporte sa soie à teindre. Le bleu est la couleur dominante; aussi l'odeur particulière de l'indigo vous prévient-elle à l'avance de l'existence d'un de ces établissements dans le voisinage. Plus loin, c'est un *koura*, ou *dozo*, construction à l'épreuve du feu que l'on trouve dans toutes les villes du Japon, mais que l'on rencontre dans ces parages en plus grand nombre qu'ailleurs, à cause de la grande production de soie, richesse considérable qu'il faut mettre à l'abri de l'incendie. Ces *koura* ou *dozo* sont des constructions à deux étages, composées d'un rez-de-chaussée et d'un étage au-dessus; les murs sont formés d'une mince charpente de bambous reliés par des cordes, formant une carcasse que l'on recouvre ensuite de terre battue, pétrie avec du sable ou du gravier fin, pour former une paroi de trente à quarante centimètres d'épaisseur environ; la toiture est faite de tuiles dans le genre des nôtres. La porte et les fenêtres, pourvues de fermetures faites de même matière que les murs et de la même épaisseur que ceux-ci, donnent à ces magasins l'aspect d'un vaste coffre-fort. Les murs ainsi que les fermetures sont recouverts d'une sorte d'enduit en stuc noir, qui donne à la construction plus de solidité et plus de résistance contre le feu, mais qui a fait dire à je ne sais plus quel voyageur que les magasins étaient construits en marbre noir.

A quelques cents mètres après la traversée du Tamangawa, nous nous arrêtons dans un petit village que l'on nous dit être Chino, où nous en-

trons dans une *tchaya* pour déjeuner. La première chose qui tombe sous les yeux du voyageur entrant dans une de ces auberges, c'est une série de petites planchettes suspendues par de courtes ficelles à des clous ; chacune de ces planchettes porte une inscription : ce sont les numéros du vestiaire où chaque arrivant dépose ses chaussures. En effet, le plancher des auberges est entièrement recouvert de nattes en paille de 3 à 4 centimètres d'épaisseur, de 1 mètre environ de largeur sur 2 mètres à peu près de longueur ; ces nattes, juxtaposées les unes aux autres, constituent le mobilier japonais ou à peu près ; ce sont elles qui tiennent lieu de sièges, de tables, et pour en faire des lits on n'a qu'à étendre dessus la couverture dans laquelle on se roule. Les tchayas brillent par une propreté irréprochable, qui ferait rougir nos hôtels les mieux tenus. L'habitation se compose d'un ou de plusieurs corps de bâtiments séparés par de petits jardins ornés de rochers artificiels et d'arbres nains auxquels une taille et un palissage habiles font représenter toutes sortes d'objets. Chaque corps de bâtiment, relié aux autres par de petits ponts, ne forme dans le jour qu'une seule et même salle ; mais la nuit, grâce à des coulisses ménagées dans les planchers haut et bas, on fait glisser des panneaux en baguettes de sapin sur lesquels sont tendues des feuilles de papier qui forment les cloisons mobiles d'autant de chambres. Si, ce qui est le cas général, la tchaya se compose d'un rez-de-chaussée et d'un étage, l'étage du dessus comporte la même organisation que le rez-de-chaussée. Aussitôt que vous entrez dans une de ces habitations, les *mousmées* (jeunes filles) qui font le service de la maison, fraîches et pimpantes, étroitement serrées dans leurs longues robes par une large ceinture de soie nouée derrière les reins, coquettement coiffées, vous apportent, avec un gracieux sourire et le *ohaïo* (bonjour) de bienvenue, d'abord du thé, boisson aussi désagréable et amère que celui de Chine est agréable et doux de parfum. Après le thé, servi dans de petits bols en porcelaine sans anses, c'est le brasero ou *chibatchi* qu'on vous présente pour allumer la pipe microscopique qui vous est offerte toute bourrée de tabac fin, mais fade.

Pendant ce temps on nous prépare notre déjeuner, composé d'une boîte de nos conserves, d'œufs, et de riz (*gozen*) bouilli dans l'eau, servi dans des soucoupes en laque rouge. On nous offre

aussi du poisson cru, et divers plats de fruits ou
de légumes macérés dans je ne sais quelle sauce;
mais je ne voulus pas y goûter, préférant rester
sur la bonne impression que m'avait causée
la façon délicieuse dont le riz avait été pré-
paré.

Après une halte d'une heure environ, nous re-
prenons des jinrikshas et nous atteignons en peu
de temps Atchodji, ville importante, où se vendent
des marchandises de toutes sortes destinées au
réapprovisionnement des habitants de l'intérieur.
Selon la coutume, générale dans tout le Japon,
chaque maison possède une auge en bois ou en
fonte et une pile de seaux pleins d'eau pour ali-
menter la pompe en bois qui est suspendue en
permanence au-dessus de l'entrée des maisons.
Malgré ces précautions, il ne se passe pas d'année sans qu'on ait à déplorer d'effroyables incen-
dies, qui parfois détruisent des villes entières, les
réduisant en un amas de cendres au milieu des-
quelles seuls restent debout les dozos dont j'ai
parlé plus haut.

A partir d'Atchodji, le pays devient plus acci-
denté, au point de nous forcer à quitter nos jinrikshas à Kobotokké, petit hameau situé à l'extré-

mité d'une vallée aussi resserrée que pittoresque. Préférant la marche au *kango,* sorte de panier étroit suspendu à une barre transversale que deux hommes portent sur leurs épaules, et dans lequel nous ne pourrions entrer sans nous désarticuler (ce véhicule étant destiné aux Japonais, dont la taille est en moyenne très inférieure à la nôtre), nous gravissons à pied un sentier de montagne assez raide qui nous mène au col de Kobotokké, à six heures (altitude, 700 mètres environ). Là, pendant les quelques minutes que nous nous accordons pour respirer, nous voyons une vénérable mère de famille dans le costume le plus primitif, plongée dans un baquet placé sur le bord de la route, occupée à laver une jeune fille d'une quinzaine d'années, dans le même costume, plongée dans un autre baquet placé à côté du premier. La propreté est innée chez les Japonais de toutes classes, qui matin et soir ne pourraient se dispenser de leur bain. En redescendant sur l'autre flanc de la montagne, nous sommes surpris par la nuit. Par bonheur la lune ne tarde pas à se lever, ce qui nous permet de descendre, sans tomber hors du sentier, jusqu'à Obara. Nous nous y arrêtons à huit heures dans une tchaya où nous passerons la nuit. Obara doit être à environ 400 mètres au-dessus du niveau de la mer.

23 août. — En route dès l'aube, montés sur des chevaux de bât, nous nous enfonçons de plus en plus dans la région montagneuse. Deux fois nous traversons en bac le Kazuragawa. Il faut signaler le joli village de Ioshino, situé au sommet d'une colline qui commande un tournant de la rivière, et d'où l'on jouit d'une fort belle vue sur le cours du Kazuragawa. Peu après nous trouvons une route de voitures en construction passant par Sékino, Ouénobara, Tsurukawa et Notagiri, où nous faisons notre halte de midi. Chemin faisant, nous rencontrons de jolies chutes d'eau et de riants ruisseaux.

A six heures et demie du soir nous atteignons Sarou-Bachi (le Pont aux Singes), bourg presque aussi considérable qu'Atchodji. Sarou-Bachi, comme son nom le fait deviner, est juché sur les flancs d'une gorge profonde et étroite, dans le genre de celles de Pfœfers en Suisse, au fond de laquelle roule un torrent impétueux, mais limpide, où s'ébattent de superbes truites. Nous traversons le pont, jeté à plus de 30 mètres au-dessus du niveau du torrent, et nous entrons dans une tchaya située juste en face. Tout à côté de notre auberge s'élevait un bâtiment à l'européenne, surmonté d'un campanile ou clocheton. J'en avais déjà remarqué de semblables dans presque toutes les localités que j'avais traversées. M'informant de la destination de ces édifices, j'appris que c'étaient des écoles et des postes de police, en un mot, des sortes de *mairies*.

A peine étions-nous arrivés que le propriétaire nous demanda nos noms, prénoms et qualités, ainsi que l'exhibition de nos passeports, absolument comme en France quand un voyageur descend dans un hôtel, pour faire sa déclaration à qui de droit. Après le dîner, nous fîmes un tour de promenade dans le bourg, dont les rues étaient éclairées au moyen de réverbères au pétrole. De retour à notre logis, je demandai l'explication d'une particularité qui m'avait frappé depuis mon arrivée au Japon et dont je ne m'étais pas encore rendu compte. J'avais souvent rencontré par les rues des individus tenant un bâton d'une main, et de l'autre une sorte de flûte de bambou dont ils tiraient des sons aigus tous les deux ou trois pas. Je vis bientôt que j'avais affaire à des aveugles;

mais ce que je ne savais pas, c'est que leur instru-
ment strident leur servait à prévenir de leur passage les clients qui pouvaient avoir besoin d'eux.
Ces aveugles, paraît-il, exercent la profession de
masseurs, et arrivent parfois à une grande dexté-
rité dans cet art.

24 *août*. — Aujourd'hui, c'est en jinriksha que
nous allons voyager. Nous dépassons Komaba-
chi, Odzouki, Yokkashiba, Yamoura, villages en
tout semblables à ceux que nous avons laissés
derrière nous. Nous faisons une courte halte à
Yamoura, et nous arrivons peu après à deux belles
chutes d'eau qui se trouvent à une cinquantaine
de pas sur la droite de la route. Un peu plus loin
nous traversons le torrent sur un pont dans le
genre de celui de Sarou-Bachi, bien que moins
élevé au-dessus de l'eau. Nous atteignons ensuite
Tokashiba, où fonctionnent deux véritables usines,
filatures de soie qui, je crois, appartiennent au
Mikado. C'est à quelques pas de là qu'après un
tournant de la route nous voyons subitement se
dresser devant nous le cône merveilleux du Fusiyama, entouré d'une couronne de nuages.
D'Onouma, où nous déjeunons, nous n'aperce-

vons encore que le tiers de la montagne. Le sol sur lequel nous marchons est couvert de pierres, de scories de laves et de cendres vomies par le volcan, aujourd'hui complètement éteint. En quittant Onouma, le sentier monte un peu et atteint promptement un petit col, d'où nous descendons dans l'immense cirque au milieu duquel se dresse le cône régulier du géant du Japon, le Fusiyama, but de notre tournée. Nous pouvons l'admirer dans toute sa splendeur, se détachant franchement sur le ciel bleu qui lui sert de fond.

A quatre heures, nous arrivons dans un village tout pavoisé, précédé d'un *torii* [1], et dont la rue principale, je dirai même la seule, long boulevard planté de jujubiers, de palmiers, de pins et de saules, traverse la localité en droite ligne, dans la direction du sommet de la montagne. Nous sommes à Yoshida, qui est avec Soubachiri un des deux points principaux où se réunissent les pèlerins pour entreprendre l'ascension ; aussi avons-nous grand'peine à trouver un gîte. Nous finissons

[1]. Le *torii* est un portique composé de deux pièces de bois verticales reliées à leur extrémité supérieure par une troisième pièce horizontale, et que l'on rencontre sur tous les chemins qui aboutissent à un temple.

pourtant par entrer dans une vaste auberge précédée de deux cours. Dans la deuxième coule un ruisseau limpide au moyen duquel ont été créés des lacs et des cascades en miniature, avec des forêts et des temples dans les mêmes proportions et un Fusiyama du même genre.

Le propriétaire de l'établissement, après s'être assuré par nos passeports que nous étions des gens dignes de son hospitalité, nous donna deux chambres non loin d'une chapelle située dans la dernière salle de la maison, et où nombre de pèlerins, parmi lesquels se trouvaient plusieurs aveugles, venaient faire leurs dévotions et offrir des ex-voto. La religion du Japon fait des montagnes les plus élevées le séjour habituel des divinités malfaisantes ; c'est ce qui donne lieu à ces pèlerinages considérables, qui ont pour but d'implorer le dieu du mal afin de conjurer ses maléfices.

En nous promenant dans Yoshida, nous fûmes surpris du nombre de théâtres en plein vent dressés sur les bas-côtés de la rue, et sous des tentes, au milieu de boutiques de toutes sortes, où se vendaient des bâtons, des gourdes et des clochettes pour les pèlerins, nous retrouvions un spectacle en tout semblable à ceux de nos foires, où l'on

voit, au travers d'immenses verres grossissants,
des panoramas de batailles, ou bien des tableaux
représentant des sites pittoresques et des monu-
ments remarquables. La foule trop nombreuse ne
nous permit pas d'avancer assez près pour regarder si par hasard nous ne retrouverions pas
quelque paysage ou ville d'Europe.

25 *août*. — A six heures, nous sommes à che-
val et nous commençons la traversée du cirque
qui nous sépare de la base du Fusiyama.

D'abord, c'est une forêt de *cryptomeria japonica*
entrecoupée de clairières; dans l'une d'elles est
bâti un vieux temple auprès duquel se dressent
deux de ces arbres, colosses atteignant plus de 30
mètres d'élévation, et mesurant à hauteur d'homme
une circonférence de plus de 10 mètres. Nous
quittons la forêt pour traverser une plaine couverte
de fleurs de milliers d'espèces, où nous sommes
brûlés par les rayons d'un soleil ardent, et nous
atteignons ensuite la zone des mélèzes, où nous
laissons nos chevaux (neuf heures) pour commen-
cer l'ascension proprement dite. Ce point se
nomme *la première station*. Gravissant une pente
assez raide, mais facile, au milieu de pins, puis de

sapins, nous arrivons graduellement à la cinquième station, où nous faisons notre halte du déjeuner. Puis nous rentrons dans une zone de mélèzes et de rhododendrons, et, avant de dépasser la région de la végétation, nous traversons un fouillis de bambous, de noisetiers, d'aunes et d'autres essences malingres et rachitiques qui n'atteignent pas plus de 1^{m}50 à 2 mètres de hauteur.

A la sixième station nous avions dépassé la zone végétale. A partir de ce point, l'ascension devint de plus en plus fatigante, le sentier s'élevant par de très courts lacets et presque en ligne droite vers le sommet de la montagne. D'un autre côté, nous n'avions plus l'appui des racines des arbres, qui permettaient de poser le pied avec certitude. Le sol, formé de scories de laves presque en poudre, roulait sous nos pieds, et souvent sur dix pas nous reculions de deux; ou bien nous rencontrions des roches volcaniques qu'il nous fallait escalader comme nous pouvions, le sentier disparaissant alors complètement.

A cinq heures et demie, ayant, grâce à mon habitude des ascensions, pris les devants sur mes compagnons, j'arrivais sans être trop fatigué à la huitième station, dernière cahute où l'on trouve assez de place pour pouvoir étendre ses couvertures sur le plancher en bois et passer la nuit. Quelque temps après moi arrivaient mes compagnons, échelonnés les uns derrière les autres, passablement essoufflés par la rapidité de la pente. Les observations barométriques nous indiquaient pour ce point une altitude d'environ 3,412 mètres. A huit heures le thermomètre accusait + 12 degrés centigrades, et pendant la nuit il ne descendit pas au-dessous de + 8 degrés.

Vers neuf heures la lune se leva dans toute sa splendeur, éclairant les sommets des montagnes les plus élevées et l'océan de nuages, blancs comme la neige, qui formait ceinture à nos pieds, au-dessus du cirque qui entoure la base du Fusiyama; plus loin, à l'est, apparaissait l'océan Pacifique, calme comme un bain d'huile. Jamais je n'admirai si beau spectacle sous les rayons de cette blanche lumière.

26 *août*. — Le plus jeune de mes compagnons et moi, après avoir dormi d'un sommeil que nous avions, il est vrai, bien gagné, nous étions debout à temps pour voir le soleil sortir de l'océan Pacifique. Un vent assez frais avait entièrement balayé

les nuages qui nous environnaient la veille au soir.
Nous pouvions distinguer l'île d'Enoshima, la baie
et la ville de Yokohama, et même, plus au loin,
Yeddo à l'aide de la lorgnette. A sept heures nous
nous mettions en marche pour le sommet, que les
plus agiles atteignirent en moins de trois quarts
d'heure. Pendant ce temps, le ciel s'était couvert
de nuages qui bientôt nous entourèrent à tel point
que l'on ne pouvait plus rien distinguer à quatre
ou cinq pas de distance. Le vent ne tarda pas à
souffler, et en quelques minutes il acquit une telle
violence que nous avions peine à nous tenir. Puis
les nuages se convertirent en une pluie glaciale,
mélangée de neige et de grêle, qui nous trempa
jusqu'aux os avant que nous eussions pu atteindre
la cabane qui se trouve à 8 ou 10 mètres au-dessous du piton de l'est, la plus élevée des trois
pointes qui émergent au-dessus de l'arête du cratère.

En attendant notre quatrième compagnon, qui
arriva en se traînant vers huit heures et demie, nous
nous rendîmes à la chapelle bouddhiste ménagée
à l'une des extrémités de la cabane. Là, deux ou
trois bonzes, qui viennent habiter le sommet de la
montagne pendant la saison des pèlerinages, mar-

quèrent, moyennant une aumône tarifée, nos vêtements, nos chapeaux et nos bâtons, d'un sceau
attestant notre arrivée au sommet, et nous déli-
vrèrent en outre des certificats de pèlerinage; il
nous fallut même attendre quelque temps, vu le
grand nombre de pèlerins, hommes, femmes, enfants et aveugles, qui nous avaient précédés au lieu
saint.

Aussitôt l'arrivée de notre dernier compagnon
et après quelques instants de repos, pendant que le
commandant Jourdan faisait ses observations dans
la cabane, nous partions avec un baromètre ho-
lostérique pour prendre la hauteur exacte du piton
situé derrière la hutte. Nous n'avions pas 50 mètres à faire, ce qui nous eût pris quelques minutes
par un beau temps; mais, à cause du vent, il nous
fallut contourner l'arête et prendre un peu par le
bord intérieur du cratère, ayant à marcher sur des
rochers qui surplombaient l'abîme, dont les nuages
nous empêchaient de mesurer la profondeur. Le
vent tourbillonnait avec violence dans cette énorme
marmite; nous pouvions à peine marcher, et encore nous fallait-il nous coucher pour donner
moins de prise à la tempête. Mon chapeau fut en-
levé et disparut en une seconde par-dessus le

LE CRATÈRE DU FUSIYAMA. — COTÉ S.-O.

sommet. Mes compagnons s'étant arrêtés, je leur dis que je ne jugeais pas prudent de continuer, car il était évident que sur le sommet nous pourrions être enlevés par une rafale et lancés soit dans le cratère, soit par-dessus la cabane. Mon avis fut adopté, et cinq minutes après notre départ nous rentrions dans la hutte avec nos vêtements couverts de pluie congelée.

La hauteur accusée par les instruments indiquait 3,810 mètres pour la cabane; le sommet du piton est de 8 ou 10 mètres plus élevé[1].

A dix heures nous nous mettions en route pour la descente par une tempête affreuse. Les ravins étaient transformés en torrents; nous nous laissions glisser plutôt que nous ne descendions sur des éboulis de laves en poussière, tout comme sur les névés de nos montagnes de Savoie. A une heure nous étions déjà au pied du cône. Après

---

1. Au retour à Yeddo, refaisant les calculs en tenant compte des observations simultanées que nous avions fait prendre au pied de la montagne, à Yokohama et à Yeddo, nous obtenions comme résultat définitif une altitude de 3,772 mètres. — Je dois noter que l'hypsomètre nous donna toujours des indications concordant à très peu de chose près avec celles du Fortin, tandis que celles données par les holostériques et les anéroïdes s'en écartaient d'une façon notable.

notre halte habituelle, nous nous engageons dans une superbe avenue, taillée au milieu de la forêt que nous avions rejointe, et qui en ligne droite nous mena à Soubachiri après plus de 8 kilomètres de parcours. Il était quatre heures quand nous entrâmes dans l'auberge, tout ruisselants d'eau, joyeux de retrouver nos bagages et de pouvoir mettre des vêtements secs. Un peu avant d'arriver à Soubachiri, on remarque, sur le bord de l'avenue dont je viens de parler, un superbe bouleau et un pin aux branches desquels pendent par centaines des sandales en paille de riz que les pèlerins y lancent après avoir effectué leur descente du Fusiyama. J'ajouterai qu'après une pareille descente il ne reste plus guère de semelles à ces sortes de chaussures, dont chaque voyageur indigène porte toujours une certaine provision avec lui.

27 *août*. La pluie a enfin cessé et nous débutons par 2 ris (environ 2 lieues) en jinriksha sur une route délicieuse, que l'on pourrait bien plutôt prendre pour une allée de parc se déroulant au milieu de bois, de prairies, de champs entrecoupés de bouquets d'arbres et au milieu desquels

serpentent de gais ruisseaux. Quelle fraîcheur on y respire, et quelles belles teintes vertes après la pluie d'hier ! Nous nous arrêtons quelques instants dans un petit hameau, où nous devons prendre des chevaux de bât, car nous allons avoir à franchir un col auquel nous arrivons par un sentier en lacets qui disparaît complètement sous des herbes de plus de 5 pieds de haut, à peu près semblables aux gynériums que nous cultivons dans nos jardins.

Du sommet du col nous avons une vue superbe sur le cirque du Fusiyama, dont le sommet nous est encore caché par les nuages, sur la mer et sur le lac d'Hachoné, où nous devons arriver le lendemain. Le col une fois franchi, la descente s'opère comme la montée, au milieu d'un océan de roseaux et d'herbes plus hauts que nous et qui dérobent tout à notre vue. Pourtant quelques éclaircies dans cette végétation nous permettent de voir les fumées blanchâtres qui s'échappent de solfatares ouvertes en assez grand nombre sur les flancs de la montagne qui s'élève à notre droite. Descendant graduellement, nous finissons par nous engager dans un fouillis inextricable de bambous, de palmiers, de ronces, de rotins, etc., sous

lequel est frayé le sentier. Ce sentier nous con-
duit au fond d'une vallée étroite et resserrée, où
se trouve Chiynia-Kaméia, village pittoresque,
bâti moitié sur les flancs de la montagne, moitié
sur les bords d'un torrent impétueux qui le traverse ;
c'est la station de bains la plus fréquentée par la
haute société japonaise. On peut s'y loger dans
de très bonnes tchayas dont chacune possède
une source sulfureuse suffisamment chaude pour
plaire aux baigneurs indigènes, qui ne craignent
pas un bain dont nous autres Européens aurions
grand'peine à supporter la température.

L'ensemble de ces tchayas compose un véri-
table établissement balnéaire, et la surveillance
en est remise, nous dit-on, aux mains d'un méde-
cin japonais.

28 *août*. — Aujourd'hui nous rencontrons sur
notre route une autre localité dont les eaux sulfu-
reuses attirent encore beaucoup de monde ; c'est
Achinoiou, dont la source a une température telle
que j'y puis à peine tenir la main, mais dans laquelle Japonais et Japonaises de tout âge viennent
se plonger sans sourciller. L'eau en était si limpide
qu'un de nos compagnons voulut essayer d'un

bain. A peine était-il entré dans la piscine qu'il en
sortait à moitié cuit, au grand étonnement des
autres baigneurs et baigneuses qui s'y trouvaient
très confortablement. Achinoiou attire même quelques Européens, qui pendant la saison chaude
quittent Yokohama, autant que leurs affaires le leur
permettent, et viennent y respirer durant un ou
deux mois l'air vif et frais de la montagne. Peu
après Achinoiou, le sentier que nous descendons
longe un petit lac vis-à-vis duquel se trouve un
bouddha taillé dans le roc, puis aboutit au Tokaïdo,
la grande voie de communication qui traverse le
Japon dans toute sa longueur. Tournant à droite,
nous nous engageons sur cette route dont la
chaussée n'est plus qu'un chaos de pierres et de
dalles disjointes, puis nous atteignons une avenue
bordée de deux rangées de cryptomerias gigan-
tesques que baignent les eaux du beau lac d'Hachoné, et au bout de laquelle l'on arrive à la localité de ce nom. Nous y logeons à « Eurèka-Hôtel »,
tchaya japonaise, où nous trouvons cependant des
lits, des tables et des sièges destinés aux Européens qui viennent en assez grand nombre passer
ici la saison d'été. Le site est charmant : par derrière, la montagne disparaissant sous une forêt

des plus riches; par devant, les jardins des tchayas
descendant jusqu'au lac, dont les rives capricieuses
et contournées s'étendent aux montagnes qui forment la couronne extérieure du cirque du Fusiyama. — Nous arrivons de bonne heure à
Hachoné, le matin, et y restons jusqu'au lendemain, consacrant l'après-midi à une promenade
sur le lac, pendant laquelle nous ne pouvons
résister à la tentation d'un et même de plusieurs
plongeons en pleine eau.

29 *août.* — Nous remontons par le Tokaïdo
vers Yokohama. La route, accrochée aux flancs de
la montagne, tantôt montant, tantôt descendant,
serpentant à droite, tournant à gauche sous des
futaies sombres dont les cryptomerias sont les plus
nombreux sujets; la route, dis-je, finit par atteindre un col, le dernier qui nous sépare de la mer.

Au pied de ce col, le Tokaïdo traverse Atta,
puis Yumoto, villages dont la seule industrie con-
siste en objets de bois sculpté. A partir de cette
dernière localité, nous nous trouvons presque sur
la plage; aussi reprenons-nous des jinrikshas qui
nous mèneront à Yokohama. — Déjeûner à
Odawara, grand bourg construit sur une belle

VOYAGEURS EN KANGO SUR LE TOKAÏDO

plage. Le Tokaïdo suit dès lors la dune, dont le sable fin donne par moments assez de mal à nos nizogos, surtout sous le soleil de plomb dont nous sommes à peine garantis par les quelques pins maritimes qui bordent la chaussée. Nous traversons plusieurs rivières dont les lits sont presque desséchés en cette saison, puis nous atteignons Oïsso, village de pêcheurs. Après avoir été assister au retour des barques de pêche, chargées de poissons de toutes sortes ; au nombre desquels je remarquai un espadon d'assez grande taille et une sorte de requin, nous regagnâmes notre tchaya. Nous avions trouvé au premier étage des chambres d'où nous pouvions voir la mer, aussi le reste de l'après-midi se passa-t-il sur le balcon à regarder les vagues qui déferlaient sur la grève, et aussi, de temps à autre, à rendre le bonjour aux petites mousmées qui, se promenant deux par deux, trois par trois, ou par groupes plus nombreux, se pressant sous un vaste parasol en papier huilé, jeunes, fraîches, pimpantes et gracieuses, trottinaient sur les tabourets qui leur tiennent lieu de chaussures [1], nous envoyant

---

1. Les Japonais désignent ces sortes de sandales sous le nom de *guèta*.

au passage un gracieux sourire ou un salut.

30 août. — Deux rivières traversées en bac, et
nous arrivons à Fusysawa, où nous avons fait re-
tenir d'avance des jinrikshas pour aller à l'île
d'Enoshima. On y arrive par une petite route qui
se détache sur la droite du Tokaïdo pour rejoin-
dre la mer, dont nous nous sommes un peu éloi-
gnés depuis Oïsso. En moins d'une heure nous
atteignons la plage et nous traversons, par un
bras de mer profond d'environ 50 centimètres, la
distance qui nous sépare de l'île (un peu moins
d'un kilomètre)[1]. Nous visitons l'île sacrée, ses
temples, sa grotte, qui n'offrent rien de bien par-
ticulier, si ce n'est une végétation luxuriante sur
un rocher de quelques hectares de superficie. La
« great attraction » de l'endroit sont les plongeurs
qui, pour quelques petites pièces de cuivre, vont
chercher au fond de la mer et au milieu des rochers, soit un homard, une éponge, un crabe, une
huître, soit tout autre objet que vous désignerez
d'*avance.*

Les Japonais sont d'ordinaire réputés bons

1. Quelques mois à peine avant notre voyage, l'île d'Enoshima était reliée à la terre par une langue de sable qui permet-

TORII DANS LE VILLAGE D'ENOSHIMA

VILLAGE D'HACHONÉ

plongeurs, et peuvent rester relativement fort longtemps sous l'eau; c'est grâce à cette faculté qu'ils
parviennent à retirer du fond des cales de navires
naufragés sur leurs côtes jusqu'à la dernière caisse
du chargement. Ceux auxquels nous avons affaire
ici ne sont pas aussi habiles; ce sont de pauvres
vieillards qui, après deux ou trois plongeons de
quelques secondes, faits pour la forme, nous rap-
portent l'objet que nous avions demandé et qu'ils
avient caché préalablement dans un pli de leur
fondochi[1]. Repassant nous-mêmes, au retour, près
d'un rocher où nos plongeurs se retiraient avant de
faire leur expérience, nous voyons dans une sorte
de petit bassin formé par la mer, à quelques centimètres sous l'eau, un certain nombre de paniers
maintenus par des cordes fixées au rocher.........
C'est le derrière des coulisses! Nous regagnons
ensuite le village d'Enoshima, construit en amphi-
théâtre au-dessus de la mer sur la face de l'île qui

tait d'y arriver à pied sec, même à marée haute. Cette digue
naturelle fut détruite par un typhon le 26 juin 1877.

1. C'est une longue bande d'étoffe qui se noue autour des
reins, puis se passe entre les jambes, et qui constitue le vête-
ment d'été des Japonais, qui ne sont pas astreints à observer,
hors la ville, les règles de police que la municipalité anglaise
a imposées dans l'intérieur de Yokohama.

regarde la terre ferme. Nous déjeunons, puis, comme nous étions venus, nous retournons à nos jinrikshas, dans lesquelles, emportés comme le vent, nous traversons champs de riz, bosquets de bambous, etc. Sur notre chemin nous visitons le « Daïbutz », colossale statue de bronze représentant un bouddha accroupi : cette statue est située au milieu d'un joli petit jardin gardé par des bonzes qui, moyennant une aumône, nous en ouvrent la porte. Près de là, nous allons voir un temple dédié à la déesse Quannonsama. Attenant au temple, mais dans une construction spéciale, l'on va admirer une statue de la déesse haute de plus de 12 mètres ; elle est entièrement dorée et laquée. Toujours moyennant une aumône, un bonze nous en fait remarquer les détails à l'aide d'une lampe suspendue à une poulie et qu'il fait monter ou descendre à volonté. De la terrasse de ce temple on découvre en entier la baie d'Odawara et l'entrée de la baie de Yeddo. Reprenant notre course, nous nous engageons dans une longue avenue en ligne droite qui commence au bord de la mer et va aboutir aux toriis et au vaste escalier qui précèdent le temple de « Hachiman », situé à Kamakoura, jadis capitale du Japon, aujourd'hui simple village.

Dans l'intérieur de ce temple sont conservés toutes les armures, les vêtements et autres objets ayant appartenu aux premiers Shogouns et que l'on peut aisément visiter. Au pied de la terrasse sur laquelle s'élève le temple, dans le beau parc qui l'entoure, les bonzes montrent aux voyageurs une pierre de forme particulière et bizarre devant laquelle les femmes viennent prier pour avoir des enfants.

31 *août*. — Dès le matin nous quittons Kamakoura, et vers les dix heures, sans incident de route, nous arrivons à Yokohama, où nous prenons le chemin de fer pour rentrer à Yeddo. — A quatre heures nous étions de retour au Kamon-Yasiki, enchantés de notre excursion, dont je garderai longtemps un vif souvenir.

CH. PETIT FILS,

Membre de la Société de géographie, membre du Club
Alpin Français (section de Paris).

A PARIS

DES PRESSES DE D. JOUAUST

Imprimeur breveté

RUE SAINT-HONORÉ, 338